PAULO COELHO

LUZ

2026

Planeta

LUZ

Levántate todas
las mañanas y prepárate
para emitir tu luz.

EL MANUSCRITO ENCONTRADO EN ACCRA

DATOS PERSONALES

NOMBRE

APELLIDOS

DIRECCIÓN

TELÉFONO   MÓVIL

E-MAIL

DIRECCIÓN PROFESIONAL

TELÉFONO / FAX

E-MAIL

PÁGINA WEB

EN CASO DE ACCIDENTE AVISAR A

2 0 2 6

ENERO

	L	M	M	J	V	S	D
1				1	2	3	**4**
2	5	**6**	7	8	9	10	**11**
3	12	13	14	15	16	17	**18**
4	19	20	21	22	23	24	**25**
5	26	27	28	29	30	31	

FEBRERO

	L	M	M	J	V	S	D
5							**1**
6	2	3	4	5	6	7	**8**
7	9	10	11	12	13	14	**15**
8	16	17	18	19	20	21	**22**
9	23	24	25	26	27	28	

MARZO

	L	M	M	J	V	S	D
9							**1**
10	2	3	4	5	6	7	**8**
11	9	10	11	12	13	14	**15**
12	16	17	18	19	20	21	**22**
13	23	24	25	26	27	28	**29**
14	30	31					

ABRIL

	L	M	M	J	V	S	D
14			1	2	**3**	4	**5**
15	6	7	8	9	10	11	**12**
16	13	14	15	16	17	18	**19**
17	20	21	22	23	24	25	**26**
18	27	28	29	30			

MAYO

	L	M	M	J	V	S	D
18					1	2	**3**
19	4	5	6	7	8	9	**10**
20	11	12	13	14	15	16	**17**
21	18	19	20	21	22	23	**24**
22	25	26	27	28	29	30	**31**

JUNIO

	L	M	M	J	V	S	D
23	1	2	3	4	5	6	**7**
24	8	9	10	11	12	13	**14**
25	15	16	17	18	19	20	**21**
26	22	23	24	25	26	27	**28**
27	29	30					

JULIO

	L	M	M	J	V	S	D
27			1	2	3	4	**5**
28	6	7	8	9	10	11	**12**
29	13	14	15	16	17	18	**19**
30	20	21	22	23	24	25	**26**
31	27	28	29	30	31		

AGOSTO

	L	M	M	J	V	S	D
31						1	**2**
32	3	4	5	6	7	8	**9**
33	10	11	12	13	14	**15**	**16**
34	17	18	19	20	21	22	**23**
35	24	25	26	27	28	29	**30**
36	31						

SEPTIEMBRE

	L	M	M	J	V	S	D
36		1	2	3	4	5	**6**
37	7	8	9	10	11	12	**13**
38	14	15	16	17	18	19	**20**
39	21	22	23	24	25	26	**27**
40	28	29	30				

OCTUBRE

	L	M	M	J	V	S	D
40				1	2	3	**4**
41	5	6	7	8	9	10	**11**
42	**12**	13	14	15	16	17	**18**
43	19	20	21	22	23	24	**25**
44	26	27	28	29	30	31	

NOVIEMBRE

	L	M	M	J	V	S	D
44							**1**
45	2	3	4	5	6	7	**8**
46	9	10	11	12	13	14	**15**
47	16	17	18	19	20	21	**22**
48	23	24	25	26	27	28	**29**
49	30						

DICIEMBRE

	L	M	M	J	V	S	D
49		1	2	3	4	5	**6**
50	7	**8**	9	10	11	12	**13**
51	14	15	16	17	18	19	**20**
52	21	22	23	24	**25**	26	**27**
53	28	29	30	31			

ENERO 2026

L	M	M	J	V	S	D
1				**1**	2	3○	**4**
2	5	**6**	7	8	9	10◑	**11**
3	12	13	14	15	16	17	**18** ●
4	19	20	21	22	23	24	**25**
5	26◑	27	28	29	30	31	

1 Año Nuevo
6 Reyes Magos

FEBRERO 2026

L	M	M	J	V	S	D
5							**1** ○
6	2	3	4	5	6	7	**8**
7	9◑	10	11	12	13	14	**15**
8	16	17●	18	19	20	21	**22**
9	23	24◑	25	26	27	28	

14 San Valentín

MARZO 2026

	L	M	M	J	V	S	D
9							**1**
10	2	3○	4	5	6	7	**8**
11	9	10	11◑	12	13	14	**15**
12	16	17	18	19●	20	21	**22**
13	23	24	25◐	26	27	28	**29**
14	30	31					

19   San José

ABRIL 2026

	L	M	M	J	V	S	D
14			1	2○	**3**	4	**5**
15	6	7	8	9	10◑	11	**12**
16	13	14	15	16	17●	18	**19**
17	20	21	22	23	24◐	25	**26**
18	27	28	29	30			

2   Jueves Santo
3   Viernes Santo
5   Domingo de Resurrección
6   Lunes de Pascua

MAYO 2026

	L	M	M	J	V	S	D
18					**1**○	2	**3**
19	4	5	6	7	8	9☽	**10**
20	11	12	13	14	15	16●	**17**
21	18	19	20	21	22	23☽	**24**
22	25	26	27	28	29	30	**31**○

1 **Día del Trabajo**

JUNIO 2026

	L	M	M	J	V	S	D
23	1	2	3	4	5	6	**7**
24	8☽	9	10	11	12	13	**14**
25	15●	16	17	18	19	20	**21**☽
26	22	23	24	25	26	27	**28**
27	29	30○					

24 San Juan Bautista

JULIO 2026

	L	M	M	J	V	S	D
27			1	2	3	4	**5**
28	6	7 ◑	8	9	10	11	**12**
29	13	14 ●	15	16	17	18	**19**
30	20	21 ◐	22	23	24	25	**26**
31	27	28	29 ○	30	31		

25   Santiago Apóstol

AGOSTO 2026

	L	M	M	J	V	S	D
31						1	**2**
32	3	4	5	6 ◑	7	8	**9**
33	10	11	12 ●	13	14	**15**	**16**
34	17	18	19	20 ◐	21	22	**23**
35	24	25	26	27	28 ○	29	**30**
36	31						

15   **Asunción de María**

SEPTIEMBRE 2026

	L	M	M	J	V	S	D
36		1	2	3	4◑	5	**6**
37	7	8	9	10	11●	12	**13**
38	14	15	16	17	18◐	19	**20**
39	21	22	23	24	25	26○	**27**
40	28	29	30				

OCTUBRE 2026

	L	M	M	J	V	S	D
40				1	2	3◑	**4**
41	5	6	7	8	9	10●	**11**
42	**12**	13	14	15	16	17	**18◐**
43	19	20	21	22	23	24	**25**
44	26○	27	28	29	30	31	

**12 Nuestra Señora del Pilar
y Día de la Hispanidad**

NOVIEMBRE 2026

	L	M	M	J	V	S	D	
44							1 ◑	1 Todos los Santos
45	2	3	4	5	6	7	**8**	
46	9 ●	10	11	12	13	14	**15**	
47	16	17 ◐	18	19	20	21	**22**	
48	23	24 ○	25	26	27	28	**29**	
49	30							

DICIEMBRE 2026

	L	M	M	J	V	S	D	
49	1 ◑	2	3	4	5	**6**		6 Día de la Constitución Española
50	7	**8**	9 ●	10	11	12	**13**	8 Inmaculada Concepción de María
51	14	15	16	17 ◐	18	19	**20**	25 Navidad
52	21	22	23	24 ○	**25**	26	**27**	
53	28	29	30 ◑	31				

ENERO

Despertar

Cada ser humano tiene,
dentro de sí, algo mucho
más importante que él
mismo: su Don.

BRIDA

ENERO

				1	2	3	**4**
	5	**6**	7	8	9	10	**11**
	12	13	14	15	16	17	**18**
	19	20	21	22	23	24	**25**
	26	27	28	29	30	31	

1 Jueves   *Año Nuevo*

Si no te levantas temprano, nunca podrás ver
cómo nace el sol.

ALEPH

2 | Viernes   *Santos Basilio y Gregorio*

3 | Sábado   *Santa Genoveva*

Mientras crecen, las flores muestran su belleza
y son apreciadas; después mueren y dejan sus semillas
para que otros continúen el trabajo de Dios.

LA ESPÍA

1				1	2	3	**4**
2	5	**6**	7	8	9	10	**11**
3	12	13	14	15	16	17	**18**
4	19	20	21	22	23	24	**25**
5	26	27	28	29	30	31	

4 | Domingo   *Santa Isabel Seton*

5 Lunes   *San Telesforo*

6 Martes   *Epifanía del Señor*

7 Miércoles   *San Raimundo de Peñafort*

8 Jueves   *Santa Gúdula*

La soledad no es la ausencia de compañía, sino el momento en el que nuestra alma tiene la libertad de conversar con nosotros y ayudarnos a decidir sobre nuestras vidas.

EL MANUSCRITO ENCONTRADO EN ACCRA

9 Viernes *San Julián*

10 Sábado *San Pedro Urseolo*

El tesoro espiritual
es un descubrimiento solitario.

MAKTUB

ENERO

			1	2	3	**4**
	5	**6**	7	8	9	10	**11**
	12	13	14	15	16	17	**18**
	19	20	21	22	23	24	**25**
	26	27	28	29	30	31	

11 | Domingo

San Higinio

ENERO

R

O

12 Lunes   *San Victoriano*

13 Martes   *San Hilario*

			1	2	3	**4**
5	**6**	7	8	9	10	**11**
12	13	14	15	16	17	**18**
19	20	21	22	23	24	**25**
26	27	28	29	30	31	

14 Miércoles *San Juan de Ribera*

15 Jueves *Santos Mauro y Plácido*

Todos nosotros vivimos en nuestro propio mundo. Pero si miras hacia el cielo estrellado, verás que todos estos mundos diferentes se combinan, formando constelaciones, sistemas solares, galaxias.

VERONIKA DECIDE MORIR

16 Viernes   *San Fulgencio*

17 Sábado   *San Antonio Abad*

Las decisiones eran solamente
el comienzo de algo.

EL ALQUIMISTA

18 Domingo   *Santa Prisca*

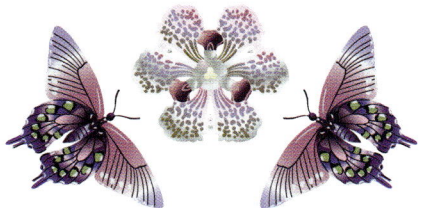

19 Lunes   *San Mario*

20 Martes   *Santos Fabián y Sebastián*

ENERO

			1	2	3	**4**
5	**6**	7	8	9	10	**11**
12	13	14	15	16	17	**18**
19	20	21	22	23	24	**25**
26	27	28	29	30	31	

21 | Miércoles   *Santa Inés*

22 | Jueves   *San Vicente*

Poder ver en cada grano de arena del desierto la manifestación
del milagro de la diferencia es lo que nos alentará para aceptarnos
tal como somos. Porque, del mismo modo que no hay dos granos
de arena iguales en todo el mundo, tampoco hay dos seres humanos
que piensen y actúen de la misma manera.

EL MANUSCRITO ENCONTRADO EN ACCRA

23 | Viernes   *San Ildefonso*

24 | Sábado   *San Francisco de Sales*

Una vez alcanzado el objetivo hay que comenzar de
nuevo, empleando en todo momento lo que has
aprendido en el camino.

EL CAMINO DEL ARQUERO

ENERO

					1	2	3	**4**
	5	**6**	7	8	9	10	**11**
	12	13	14	15	16	17	**18**
	19	20	21	22	23	24	**25**
	26	27	28	29	30	31	

25 Domingo

Conversión de San Pablo

26 Lunes   *Santa Paula y Santos Timoteo y Tito*

27 Martes   *Santa Ángela de Mérici*

ENERO

28 Miércoles   *Santo Tomás de Aquino*

29 Jueves   *San Valero*

Cuando deseas con firmeza alguna cosa, es
porque este deseo nació en el alma del Universo.
Es tu misión en la Tierra.

EL ALQUIMISTA

30 Viernes　　　　　　　　　　　　　　　　　*San Adelelmo*

---

31 Sábado　　　　　　　　　　　　　　　　　*San Juan Bosco*

El aprendizaje siempre llega cuando estás preparado,
y si estás atento a las señales, aprenderás siempre todo
lo necesario para dar el siguiente paso.

EL ZAHIR

			1	2	3	**4**
1			**1**	2	3	**4**
2	5	**6**	7	8	9	10	**11**
3	12	13	14	15	16	17	**18**
4	19	20	21	22	23	24	**25**
5	26	27	28	29	30	31	

FEBRERO

Fe

Las dos pruebas más duras en el
camino espiritual: la paciencia para
esperar el momento adecuado y el
coraje de no decepcionaros con lo
que habéis encontrado.

VERONIKA DECIDE MORIR

5							**1**
6	2	3	4	5	6	7	**8**
7	9	10	11	12	13	14	**15**
8	16	17	18	19	20	21	**22**
9	23	24	25	26	27	28	

1 Domingo

San Cecilio

La fe es algo limpio, transparente, que nace en nuestro
interior, y no puede ser confundida.

MAKTUB

2 | Lunes   *Presentación del Señor (Candelaria)*

3 | Martes   *Santos Blas y Óscar*

Todo lo que nos rodea nos ayudará a dar los pasos
necesarios en pos de nuestro objetivo.

EL PEREGRINO DE COMPOSTELA

FEBRERO

5							**1**
6	2	3	4	5	6	7	**8**
7	9	10	11	12	13	14	**15**
8	16	17	18	19	20	21	**22**
9	23	24	25	26	27	28	

4 Miércoles *San Rabano Mauro*

5 Jueves *Santa Águeda*

6 Viernes   *San Pablo Miki*

7 Sábado   *San Ricardo*

FEBRERO

	2	3	4	5	6	7	**1**
5							**8**
6	2	3	4	5	6	7	**8**
7	9	10	11	12	13	14	**15**
8	16	17	18	19	20	21	**22**
9	23	24	25	26	27	28	

8 | Domingo

San Jerónimo Emiliani

Tenemos que olvidar lo que creemos ser para poder
ser lo que realmente somos.

EL ZAHIR

9 | Lunes   *San Alejandro*

10 | Martes   *Santa Escolástica*

El crecimiento espiritual aplica las mismas
leyes usadas por el cuerpo y por el alma.
Si un hombre no ejercita su brazo, jamás tendrá músculos.
Si no ejercita su alma, jamás tendrá un carácter fuerte,
ni ideales ni la belleza del crecimiento espiritual.

EL DON SUPREMO

FEBRERO

							1
	2	3	4	5	6	7	8
	9	10	11	12	13	14	15
	16	17	18	19	20	21	22
	23	24	25	26	27	28	

11 Miércoles   *Nuestra Señora de Lourdes*

12 Jueves   *Santa Eulalia de Barcelona*

13 Viernes *San Jordán de Sajonia*

14 Sábado *San Valentín*

5						**1**
6	2	3	4	5	6	7	**8**
7	**9**	**10**	**11**	**12**	**13**	**14**	**15**
	16	17	18	19	20	21	**22**
	23	24	25	26	27	28	

15 | Domingo

San Claudio de la Colombière

Cuando quieres una cosa, todo el Universo
conspira para ayudarte a conseguirla.

EL ALQUIMISTA

16 | Lunes   *San Onésimo*

17 | Martes   *Martes de Carnaval*

La Energía Divina nos escucha cuando hablamos
con los demás, pero también nos escucha cuando
estamos en silencio.

EL MANUSCRITO ENCONTRADO EN ACCRA

FEBRERO

18 Miércoles   *Miércoles de Ceniza*

19 Jueves   *San Álvaro de Córdoba*

20 Viernes — *San Eleuterio*

21 Sábado — *San Pedro Damián*

						1
2	3	4	5	6	7	**8**
9	10	11	12	13	14	**15**
16	17	18	19	20	21	**22**
23	24	25	26	27	28	

22 | Domingo   *Cátedra de San Pedro*

Un hombre que mantiene los ojos fijos en el sol termina
ciego. Un hombre que solo busca la Luz y deja sus
responsabilidades en manos de los demás jamás
encontrará lo que busca.

COLUMNA PERIODÍSTICA – HISTORIAS SOBRE EL APRENDIZAJE

23 | Lunes

San Policarpo

---

24 | Martes

San Lucio

Vamos creciendo, cambiando de forma, nos abordan algunas debilidades que deben ser corregidas. No siempre escogemos la mejor solución, pero a pesar de todo seguimos adelante, de modo que honramos no a las paredes, ni a las puertas o las ventanas, sino al espacio vacío que está allí dentro y que nos es querido e importante.

EL ZAHIR

FEBRERO

25 Miércoles   *San Néstor*

26 Jueves   *San Alejandro*

27 Viernes · *Santa Francinaina*

28 Sábado · *Santos Mártires de Alejandría*

						1
2	3	4	5	6	7	**8**
9	10	11	12	13	14	**15**
16	17	18	19	20	21	**22**
23	24	25	26	27	28	

Dios está cerca de nosotros, independientemente
de las oraciones que digamos.

A L E P H

MARZO

Amor

Una rosa sueña con la compañía
de las abejas, pero no aparece
ninguna. El sol le pregunta:
«¿No te cansas de esperar?».
«Sí —contesta la rosa—. Pero si
cierro mis pétalos, me marchito».
Por tanto, aun cuando el Amor no
aparece, seguimos esperándolo.
En los momentos en los que
la soledad parece aplastarlo todo,
la única manera de resistir
es seguir amando.

**EL MANUSCRITO ENCONTRADO
EN ACCRA**

MARZO

9							**1**
10	2	3	4	5	6	7	**8**
11	9	10	11	12	13	14	**15**
12	16	17	18	19	20	21	**22**
13	23	24	25	26	27	28	**29**
14	30	31					

1 Domingo   *San Rosendo*

Amar abundantemente
es vivir abundantemente.

EL DON SUPREMO

2 Lunes *San Carlos el Bueno*

3 Martes *Santos Emeterio y Celedonio*

Cualquier cosa que quieras saber, pregúntasela a
tu corazón; él te dará la respuesta.

MAKTUB

MARZO

9						**1**
10	2	3	4	5	6	7	**8**
11	9	10	11	12	13	14	**15**
12	16	17	18	19	20	21	**22**
13	23	24	25	26	27	28	**29**
14	30	31				

4 Miércoles   *San Casimiro*

5 Jueves   *San Lucio I*

6 Viernes   *San Olegario y Santa Inés de Praga*

7 Sábado   *Santas Perpetua y Felicidad*

							1
10	2	3	4	5	6	7	8
11	9	10	11	12	13	14	15
12	16	17	18	19	20	21	22
13	23	24	25	26	27	28	29
14	30	31					

8 Domingo   *San Juan de Dios*

El guerrero de la luz acepta sus pasiones,
y las disfruta intensamente.

MANUAL DEL GUERRERO DE LA LUZ

9 Lunes *Santa Francisca Romana*

10 Martes *San Simplicio*

Que nuestros ojos se abran y veamos que nunca
vivimos dos días iguales. Cada uno trae un milagro
diferente, que hace que sigamos respirando, soñando
y caminando bajo el sol.

EL MANUSCRITO ENCONTRADO EN ACCRA

MARZO

							1
10	2	3	4	5	6	7	**8**
11	9	10	11	12	13	14	**15**
12	16	17	18	19	20	21	**22**
13	23	24	25	26	27	28	**29**
14	30	31					

11 | Miércoles   *San Sofronio*

12 | Jueves   *San Luis Orione*

13 | Viernes   *Santa Patricia*

14 | Sábado   *Santa Matilde*

MARZO

						1
2	3	4	5	6	7	**8**
9	10	11	12	13	14	**15**
16	17	18	19	20	21	**22**
23	24	25	26	27	28	**29**
30	31					

15 | Domingo

Santa Luisa de Marillac

¿Cómo entra luz en una casa?
Si las ventanas están abiertas.
¿Cómo entra luz en una persona?
Si la puerta del amor está abierta.

ONCE MINUTOS

MARZO

16 Lunes _San Heriberto_

17 Martes _San Patricio_

Mi corazón tiene miedo de sufrir.
Explícale que el miedo a sufrir es peor
que el propio sufrimiento.

EL ALQUIMISTA

							1
10	2	3	4	5	6	7	8
11	9	10	11	12	13	14	15
12	16	17	18	19	20	21	22
13	23	24	25	26	27	28	29
14	30	31					

18 | Miércoles   *San Cirilo*

19 | Jueves   *San José*

20 | Viernes   *San Martín de Braga*

21 | Sábado   *San Serapión*

MARZO

9							**1**
10	2	3	4	5	6	7	**8**
11	9	10	11	12	13	14	**15**
12	16	17	18	19	20	21	**22**
13	23	24	25	26	27	28	**29**
14	30	31					

22 | Domingo   *San Epafrodito*

Es posible conocer a la Otra Parte por el brillo en
los ojos: así, desde el inicio de los tiempos, las
personas reconocían a su verdadero amor.

BRIDA

23 Lunes *San José Oriol*

24 Martes *San Diego José de Cádiz*

Todos los caminos del mundo llevan hasta el corazón
del guerrero; él se zambulle sin vacilar en el río
de las pasiones que siempre corre por su vida.

MANUAL DEL GUERRERO DE LA LUZ

MARZO

25 | Miércoles

Anunciación del Señor (Encarnación)

26 | Jueves

San Braulio

27 Viernes — *San Ruperto*

28 Sábado — *San Cástor*

MARZO

							1
9							
10	2	3	4	5	6	7	8
11	9	10	11	12	13	14	15
12	16	17	18	19	20	21	22
13	23	24	25	26	27	28	29
14	30	31					

29 | Domingo   *Domingo de Ramos*

Es preciso aceptar el gesto de amor del prójimo. Es preciso permitir
que alguien nos ayude, nos apoye, nos dé fuerzas para continuar.
Si aceptamos este amor con pureza y humildad, comprenderemos
que el Amor no es dar o recibir, es participar.

MAKTUB

30 Lunes *San Juan Clímaco*

31 Martes *San Amós*

¿Por qué el Amor es más importante que la Fe?
Porque la Fe es apenas un camino que nos
conduce al Amor Mayor.

EL DON SUPREMO

9							1
10	2	3	4	5	6	7	**8**
11	9	10	11	12	13	14	**15**
12	16	17	18	19	20	21	**22**
13	23	24	25	26	27	28	**29**
14	**30**	**31**					

ABRIL

Misterio

Cuando una señal se cruza en
nuestro camino una y más veces,
sin buscarla, adviertes que estás
ante un lenguaje que va más
allá de la realidad.

LAS CONFESIONES DEL PEREGRINO

14			1	2	**3**	4	**5**
15	6	7	8	9	10	11	**12**
16	13	14	15	16	17	18	**19**
17	20	21	22	23	24	25	**26**
18	27	28	29	30			

1 Miércoles

Santa María Egipcíaca

2 Jueves

Jueves Santo

Debes comprender que nada en este mundo permanece
con nosotros por mucho tiempo: en algún momento
tu mano tendrá que abrirse y dejar que tu intención
siga su destino.

EL CAMINO DEL ARQUERO

3 Viernes · *Viernes Santo*

4 Sábado · *San Benito el Moro*

¿Cuál es la mayor mentira del mundo?
Es esta: en un determinado momento de nuestra
existencia, perdemos el control de nuestras vidas,
y estas pasan a ser gobernadas por el destino.

EL ALQUIMISTA

ABRIL

5 | Domingo

Domingo de Resurrección

6 Lunes   *Lunes de Pascua*

7 Martes   *San Juan Bautista de la Salle*

ABRIL

8 Miércoles   *San Amancio*

9 Jueves   *Santa Valtrudis*

Cada estrella, y cada ser humano, tiene sus características
especiales. Existen estrellas verdes, amarillas, azules, blancas.
Eso que desde aquí parecen un montón de puntitos iguales,
son, en verdad, millones de cosas diferentes esparcidas en un espacio
que va mucho más allá de la comprensión humana.

EL PEREGRINO DE COMPOSTELA

10 Viernes   *San Ezequiel*

11 Sábado   *San Estanislao*

Aunque la disciplina es importante, debes dejar
las puertas y ventanas abiertas a la intuición
y a lo inesperado.

EL MANUSCRITO ENCONTRADO EN ACCRA

A B R I L

14			1	2	**3**	4	**5**
15	**6**	**7**	**8**	**9**	**10**	**11**	**12**
16	13	14	15	16	17	18	**19**
17	20	21	22	23	24	25	**26**
18	27	28	29	30			

12 Domingo

Santas Sofía y Visia

13 | Lunes   *Santos Martín I y Hermenegildo*

14 | Martes   *San Pedro González (Telmo)*

14			1	2	**3**	4	**5**
15	6	7	8	9	10	11	**12**
16	13	14	15	16	17	18	**19**
17	20	21	22	23	24	25	**26**
18	27	28	29	30			

15 Miércoles

San Damián

16 Jueves

Santa Engracia

Cuando estamos en lo alto, somos capaces de verlo todo
pequeño. Nuestras glorias y nuestras tristezas dejan de ser
importantes. Aquello que conquistamos o perdemos queda
abajo. Desde lo alto de la montaña, tú ves cómo el mundo
es grande y los horizontes, anchos.

LA QUINTA MONTAÑA

17 Viernes *San Roberto de Molesmes*

18 Sábado *San Apolonio*

El que trate de buscar siempre una explicación para
las mágicas y misteriosas relaciones humanas se perderá
lo mejor que la vida puede ofrecerle.

ADULTERIO

ABRIL

14			1	2	**3**	4	**5**
15	6	7	8	9	10	11	**12**
16	13	14	15	16	17	18	**19**
17	20	21	22	23	24	25	**26**
18	27	28	29	30			

19 | Domingo   *San León IX*

20 Lunes · *San Aniceto*

21 Martes · *San Anselmo*

ABRIL

22 Miércoles   *Santos Sotero y Cayo*

23 Jueves   *San Jorge*

La luz escondida en nuestra alma iluminará
lo que ha de ser visto.

ALEPH

24 Viernes   *San Fidel*

25 Sábado   *San Marcos*

Todos los seres humanos son diferentes,
y deben ejercer ese derecho hasta
sus últimas consecuencias.

EL VENCEDOR ESTÁ SOLO

ABRIL

26 Domingo   *San Isidoro*

27 Lunes — *Nuestra Señora de Montserrat*

28 Martes — *San Prudencio*

ABRIL

14			1	2	**3**	4	**5**
15	6	7	8	9	10	11	**12**
16	13	14	15	16	17	18	**19**
17	20	21	22	23	24	25	**26**
18	**27**	**28**	**29**	**30**			

29 | Miércoles   *Santa Catalina de Siena*

30 | Jueves   *San Pío V*

La pasión nos da señales que nos guían la vida,
y me toca a mí descifrar esas señales.

ONCE MINUTOS

MAYO

Lucha

El guerrero de la luz no se queda
preocupado por los resultados.
Examina su corazón y se pregunta:
«¿Combatí el Buen Combate?».
Si la respuesta es positiva, él
descansa. Si la respuesta es
negativa, toma su espada y empieza
a entrenarse de nuevo.

MANUAL DEL GUERRERO DE LA LUZ

1 Viernes   *Día del Trabajo*

2 Sábado   *San Atanasio*

18					**1**	2	**3**
19	4	5	6	7	8	9	**10**
20	11	12	13	14	15	16	**17**
21	18	19	20	21	22	23	**24**
22	25	26	27	28	29	30	**31**

3 Domingo

Santos Felipe y Santiago

La derrota termina cuando volvemos de nuevo
al combate. El fracaso no tiene un final:
es una elección vital.

EL MANUSCRITO ENCONTRADO EN ACCRA

4 Lunes   *San Ceferino Himénez Malla*

5 Martes   *San Máximo de Jerusalén*

Una fuerza interior nos da la seguridad necesaria para superar
los obstáculos que deben vencerse. Aprendemos las lecciones de las
derrotas que, inevitablemente, vamos a sufrir. Y nos preparamos para
las numerosas victorias que formarán parte de nuestra vida.

COLUMNA PERIODÍSTICA – CUANDO LOS ÁNGELES HABLAN

18					**1**	2	**3**
19	4	5	6	7	8	9	**10**
20	11	12	13	14	15	16	**17**
21	18	19	20	21	22	23	**24**
22	25	26	27	28	29	30	**31**

6 | Miércoles

San Domingo Savio

7 | Jueves

Santa Gisela

8 Viernes *San Eladio*

9 Sábado *San Pacomio*

MAYO

18					1	2	**3**
19	4	5	6	7	8	9	**10**
20	11	12	13	14	15	16	**17**
21	18	19	20	21	22	23	**24**
22	25	26	27	28	29	30	**31**

10 | Domingo   *San Juan de Ávila*

Un guerrero acepta la derrota. No la trata como algo
indiferente, ni intenta transformarla en victoria.

LA QUINTA MONTAÑA

11 Lunes   *San Francisco de Jerónimo*

---

12 Martes   *San Pancracio*

Ante los momentos difíciles y dolorosos, el guerrero
encara la situación desventajosa con heroísmo,
resignación y coraje.

MANUAL DEL GUERRERO DE LA LUZ

MAYO

					1	2	**3**
	4	5	6	7	8	9	**10**
	11	12	13	14	15	16	**17**
	18	19	20	21	22	23	**24**
	25	26	27	28	29	30	**31**

13 | Miércoles

Nuestra Señora de Fátima

14 | Jueves

La Ascensión

15 Viernes *San Isidro*

16 Sábado *Santa Gema Galgani*

					1	2	**3**
4	5	6	7	8	9	**10**
11	12	13	14	15	16	**17**
18	19	20	21	22	23	**24**
25	26	27	28	29	30	**31**

17 Domingo   *San Pascual Bailón*

Después de mucho esfuerzo, hemos aprendido a luchar,
pero ya no tenemos el mismo coraje para combatir. Por eso,
nos volvemos contra nosotros mismos y pasamos a ser nuestro
peor enemigo. Matamos nuestros sueños porque tenemos miedo
de entablar el Buen Combate.

EL PEREGRINO DE COMPOSTELA

18 Lunes *San Juan I*

19 Martes *San Pedro Celestino*

Seamos capaces de enseñarle a todo el mundo la virtud
de la perseverancia, de la lucha contra las adversidades
y de la superación de los obstáculos.

EL MANUSCRITO ENCONTRADO EN ACCRA

MAYO

20 | Miércoles   *San Bernardino*

21 | Jueves   *San Cristóbal Magallanes*

22 Viernes   *Santas Joaquina y Rita*

23 Sábado   *San Desiderio*

MAYO

				1	2	**3**
4	5	6	7	8	9	**10**
11	12	13	14	15	16	**17**
18	19	20	21	22	23	**24**
25	26	27	28	29	30	**31**

24 | Domingo

María Auxiliadora

Serán nuestros ángeles de la guarda los que empuñarán
la espada y el escudo, protegiéndonos de los peligros
y guiándonos hacia la victoria.

VALQUIRIAS

25 Lunes

Lunes de Pentecostés

26 Martes

San Felipe Neri

Luchar contra ciertas cosas que solo acaban con
el tiempo es desperdiciar nuestra energía.

COLUMNA PERIODÍSTICA – EL MOMENTO DE LA AURORA

MAYO

					1	2	**3**
	4	5	6	7	8	9	**10**
	11	12	13	14	15	16	**17**
	18	19	20	21	22	23	**24**
	25	26	27	28	29	30	**31**

27 Miércoles

Santos Agustín de Canterbury y Julio

28 Jueves

San Bernardo de Menthon

29 Viernes   *San Justo*

30 Sábado   *Santos Fernando y Pedro Tarrés y Santa Juana de Arco*

18					1	2	3
19	4	5	6	7	8	9	10
20	11	12	13	14	15	16	17
21	18	19	20	21	22	23	24
22	25	26	27	28	29	30	31

31 Domingo   *Visitación de la Virgen María*

Un guerrero de la luz no cuenta solamente
con sus fuerzas; usa también la energía
de su adversario.

MANUAL DEL GUERRERO DE LA LUZ

JUNIO

Esperanza

Hoy, en algún lugar, un tesoro te
espera. Puede ser una pequeña
sonrisa, puede ser una gran
conquista, no importa.

MAKTUB

1 Lunes *San Justino*

2 Martes *San Marcelino*

Al igual que el sol, la vida esparce
su luz en todas las direcciones.

EL MANUSCRITO ENCONTRADO EN ACCRA

JUNIO

23	1	2	3	4	5	6	**7**
24	8	9	10	11	12	13	**14**
25	15	16	17	18	19	20	**21**
26	22	23	24	25	26	27	**28**
27	29	30					

3 | Miércoles

San Carlos Luanga

4 | Jueves

Corpus Christi

5 Viernes — *San Bonifacio*

6 Sábado — *San Norberto*

23	1	2	3	4	5	6	**7**
24	8	9	10	11	12	13	**14**
25	15	16	17	18	19	20	**21**
26	22	23	24	25	26	27	**28**
27	29	30					

7 | Domingo

Santa Ana

Aquel que desee ver el arcoíris debe
aprender a disfrutar de la lluvia.

ALEPH

8 Lunes   *San Maximino*

9 Martes   *San Efrén*

Necesitamos las alas. Ellas nos muestran los horizontes
sin fin de la imaginación, nos llevan hasta nuestros
sueños, nos conducen a lugares distantes.

**COLUMNA PERIODÍSTICA –
FRAGMENTOS DE UN DIARIO INEXISTENTE V**

23	1	2	3	4	5	6	**7**
24	8	9	10	11	12	13	**14**
25	15	16	17	18	19	20	**21**
26	22	23	24	25	26	27	**28**
27	29	30					

10 | Miércoles

San Landerico

11 | Jueves

San Bernabé

12 | Viernes   *San Juan de Sahagún*

13 | Sábado   *San Antonio de Padua*

23	1	2	3	4	5	6	**7**
24	8	9	10	11	12	13	**14**
25	15	16	17	18	19	20	**21**
26	22	23	24	25	26	27	**28**
27	29	30					

14 Domingo

San Eliseo

Jamás dejes que las dudas
paralicen tus acciones.

B R I D A

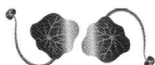

15 | Lunes   *San Vito*

16 | Martes   *San Quirico*

Es justamente la posibilidad de realizar un sueño
lo que hace que la vida sea interesante.

EL ALQUIMISTA

JUNIO

	1	2	3	4	5	6	**7**
23	1	2	3	4	5	6	**7**
24	8	9	10	11	12	13	**14**
25	15	16	17	18	19	20	**21**
26	22	23	24	25	26	27	**28**
27	29	30					

17 | Miércoles
San Pedro Gambacorta

18 | Jueves
Santos Marcos y Marcelino

19 Viernes *San Romualdo*

20 Sábado *Santa Florentina*

23	1	2	3	4	5	6	**7**
24	8	9	10	11	12	13	**14**
25	15	16	17	18	19	20	**21**
26	22	23	24	25	26	27	**28**
27	29	30					

21 Domingo

Santos Luis Gonzaga y Raúl

Recuperé lo que estaba perdido, y no quiero
perderlo de nuevo. Voy a luchar por mi felicidad.

A ORILLAS DEL RÍO PIEDRA ME SENTÉ Y LLORÉ

22 Lunes   *San Paulino de Nola*

23 Martes   *San José Cafasso*

Llegará un día en que los que llaman a la puerta
verán que esta se abre; los que piden recibirán; los
que lloran serán consolados.

VALQUIRIAS

Semana 26

24 Miércoles

San Juan Bautista

25 Jueves

San Guillermo

26 Viernes

San Pelayo

27 Sábado

Santos Cirilo de Alejandría y Zoilo

JUNIO

	1	2	3	4	5	6	**7**
	8	9	10	11	12	13	**14**
	15	16	17	18	19	20	**21**
	22	23	24	25	26	27	**28**
	29	30					

28 | Domingo

San Ireneo

El hecho de descubrir quiénes somos nos obligará
a aceptar que podemos ir mucho más allá de lo
que estamos acostumbrados.

EL MANUSCRITO ENCONTRADO EN ACCRA

29 Lunes
Santos Pedro y Pablo

30 Martes
San Marcial

Todo sueño necesita un soñador.

HIPPIE

23	1	2	3	4	5	6	**7**
24	8	9	10	11	12	13	**14**
25	15	16	17	18	19	20	**21**
26	22	23	24	25	26	27	**28**
27	29	30					

JULIO

Transformación

Siempre hay que saber
cuándo una etapa llega a su fin.
No importa el nombre que le
demos, lo que importa es dejar
en el pasado los momentos de la
vida que ya se han acabado.

EL ZAHIR

Los Alquimistas muestran que, cuando buscamos
ser mejores de lo que somos, todo a nuestro
alrededor se vuelve mejor también.

EL ALQUIMISTA

JULIO

27			1	2	3	4	**5**
28	6	7	8	9	10	11	**12**
29	13	14	15	16	17	18	**19**
30	20	21	22	23	24	25	**26**
31	27	28	29	30	31		

1 Miércoles   *Santa Ester*

2 Jueves   *Santos Proceso y Martiniano*

3 Viernes *Santo Tomás*

4 Sábado *Santa Isabel de Portugal*

27			1	2	3	4	**5**
28	6	7	8	9	10	11	**12**
29	13	14	15	16	17	18	**19**
30	20	21	22	23	24	25	**26**
31	27	28	29	30	31		

5 Domingo   *San Antonio María Zaccaría*

Pienso que, cuando buscamos el amor
con coraje, el amor se revela, y terminamos
atrayendo más amor.

A ORILLAS DEL RÍO PIEDRA ME SENTÉ Y LLORÉ

6 Lunes   *Santa María Goretti*

7 Martes   *San Fermín*

Vivir es experimentar. Y no quedarse pensando
en el sentido de la vida.

ALEPH

		1	2	3	4	**5**
28	6	7	8	9	10	11	**12**
	13	14	15	16	17	18	**19**
	20	21	22	23	24	25	**26**
	27	28	29	30	31		

8 | Miércoles

San Aquila y Santa Priscila

9 | Jueves

San Agustín Zhao Rong

10 Viernes *San Cristóbal*

11 Sábado *San Benito*

JULIO

			1	2	3	4	**5**
27							
28	6	7	8	9	10	11	**12**
29	13	14	15	16	17	18	**19**
30	20	21	22	23	24	25	**26**
31	27	28	29	30	31		

12 | Domingo   *San Juan Gualberto*

El Amor: la emoción que todo lo culmina
y todo lo transforma.

EL ZAHIR

13 Lunes   *San Enrique y Santa Sara*

14 Martes   *San Camilo de Lelis*

Cuando menos lo esperamos, la vida nos coloca delante
un desafío que pone a prueba nuestro coraje y nuestra voluntad
de cambio. El desafío no espera. La vida no mira hacia atrás.
En una semana hay tiempo más que suficiente para decidir
si aceptamos o no nuestro destino.

EL DEMONIO Y LA SEÑORITA PRYM

Semana 29

			1	2	3	4	**5**
28	6	7	8	9	10	11	**12**
29	13	14	15	16	17	18	**19**
30	20	21	22	23	24	25	**26**
31	27	28	29	30	31		

15 Miércoles   *San Buenaventura*

16 Jueves   *Nuestra Señora del Carmen*

17 Viernes

San Alejo

18 Sábado

Santa Marina

		1	2	3	4	**5**
6	7	8	9	10	11	**12**
13	14	15	16	17	18	**19**
20	21	22	23	24	25	**26**
27	28	29	30	31		

19 Domingo

Santa Áurea

No hay ni victoria ni derrota en el ciclo
de la naturaleza: hay movimiento.

EL MANUSCRITO ENCONTRADO EN ACCRA

20 Lunes *San Elías*

21 Martes *Santos Lorenzo de Bríndisi y Daniel*

Si hay el amor suficiente entre vosotros,
la cosecha será abundante, porque este es un
sentimiento que todo lo transforma.

LA BRUJA DE PORTOBELLO

Semana 30

JULIO

22 Miércoles   *Santa María Magdalena*

23 Jueves   *Santa Brígida*

24 | Viernes   *Santa Cristina*

25 | Sábado   *Santiago Apostol*

JULIO

			1	2	3	4	**5**
27	6	7	8	9	10	11	**12**
28	13	14	15	16	17	18	**19**
29	20	21	22	23	24	25	**26**
30	27	28	29	30	31		
31							

26 Domingo

San Joaquín y Santa Ana

No somos aquello que las personas
deseaban que fuésemos.
Somos lo que decidimos ser.

ALEPH

27 Lunes   *San Aurelio y Santa Natalia*

28 Martes   *San Víctor I*

El mundo cambia con tu ejemplo,
no con tu opinión.

COLUMNA PERIODÍSTICA

JULIO

27		1	2	3	4	**5**
28	6	7	8	9	10	11	**12**
29	13	14	15	16	17	18	**19**
30	20	21	22	23	24	25	**26**
31	27	28	29	30	31	

29 Miércoles

San Lázaro y Santa Marta

30 Jueves

San Pedro Crisólogo

31 Viernes

San Ignacio de Loyola

27		1	2	3	4	**5**
28	6	7	8	9	10	11	**12**
29	13	14	15	16	17	18	**19**
30	20	21	22	23	24	25	**26**
31	27	28	29	30	31		

En la naturaleza, el paisaje es magnífico: los árboles,
antes tan parecidos, adquieren personalidad y deciden pintar
el bosque de mil tonos diferentes. Una parte del ciclo de la vida
llega a su fin. Todo descansa durante un período y resucita en
primavera, en forma de flores.

ADULTERIO

AGOSTO

Alegría

No vivo ni en mi pasado
ni en mi futuro. Tengo solo el
presente, y eso es lo único que me
interesa. Si puedes permanecer
siempre en el presente serás un
hombre feliz. La vida será una
fiesta, un gran festival, porque
ella solo es el momento que
estamos viviendo.

EL ALQUIMISTA

1 Sábado

San Félix

AGOSTO

31						1	**2**
32	3	4	5	6	7	8	**9**
33	10	11	12	13	14	**15**	**16**
34	17	18	19	20	21	22	**23**
35	24	25	26	27	28	29	**30**
36	31						

2 | Domingo   *Nuestra Señora de los Ángeles*

Tenemos que escuchar al niño que fuimos un día,
y que todavía existe dentro de nosotros. Ese niño
entiende de momentos mágicos. Podemos reprimir su
llanto, pero no podemos acallar su voz.

A ORILLAS DEL RÍO PIEDRA ME SENTÉ Y LLORÉ

3 Lunes   *Santa Lidia*

4 Martes   *San Juan María Vianney*

Ninguna vida está completa
sin un toque de locura.

ALEPH

31						1	**2**
32	3	4	5	6	7	8	**9**
33	10	11	12	13	14	**15**	**16**
34	17	18	19	20	21	22	**23**
35	24	25	26	27	28	29	**30**
36	31						

5 | Miércoles   *Santa María la Mayor*

6 | Jueves   *Transfiguración del Señor*

7 | Viernes   *Santos Sixto II y Cayetano*

8 | Sábado   *Santo Domingo de Guzmán*

AGOSTO

	31					1	**2**
32	3	4	5	6	7	8	**9**
33	10	11	12	13	14	**15**	**16**
34	17	18	19	20	21	22	**23**
35	24	25	26	27	28	29	**30**
36	31						

9 | Domingo   *San Román*

No existe pecado alguno en ser feliz.

MAKTUB

10 | Lunes   *San Lorenzo*

11 | Martes   *Santa Clara*

Aquellos que realmente nos desean el bien
anhelan vernos felices, aunque no comprendan
lo que hacemos.

EL MANUSCRITO ENCONTRADO EN ACCRA

AGOSTO

31						1	**2**
32	3	4	5	6	7	8	**9**
33	**10**	**11**	**12**	**13**	**14**	**15**	**16**
34	17	18	19	20	21	22	**23**
35	24	25	26	27	28	29	**30**
36	31						

12 | Miércoles

Santa Juana Francisca de Chantal

13 | Jueves

Santos Ponciano e Hipólito

14 Viernes   *San Maximiliano Kolbe*

15 Sábado   *Asunción de María*

AGOSTO

31						1	**2**
32	3	4	5	6	7	8	**9**
33	10	11	12	13	14	**15**	**16**
34	17	18	19	20	21	22	**23**
35	24	25	26	27	28	29	**30**
35	31						

16 Domingo

Santos Esteban de Hungría y Roque

Lo que los demás piensan no importa: lo que
importa es la alegría de nuestro corazón.

MAKTUB

17 | Lunes   *Santa Beatriz de Silva y San Jacinto*

18 | Martes   *Santa Elena*

La felicidad es a veces una bendición, pero
por lo general es una conquista.

A ORILLAS DEL RÍO PIEDRA ME SENTÉ Y LLORÉ

AGOSTO

31						1	**2**
32	3	4	5	6	7	8	**9**
33	10	11	12	13	14	**15**	**16**
34	17	18	19	20	21	22	**23**
35	24	25	26	27	28	29	**30**
36	31						

19 | Miércoles   *San Juan Eudes*

20 | Jueves   *Santos Bernardo de Claraval y Samuel*

21 | Viernes   *San Pío X*

22 | Sábado   *Santa María Reina*

AGOSTO

						1	**2**
	3	4	5	6	7	8	**9**
	10	11	12	13	14	**15**	**16**
34	17	18	19	20	21	22	**23**
	24	25	26	27	28	29	**30**
	31						

23 | Domingo

Santa Rosa de Lima

Las lágrimas son palabras que
necesitan brotar. Sin ellas, ninguna alegría
tiene brillo, ninguna tristeza tiene final.

ALEPH

24 Lunes *San Bartolomé*

25 Martes *Santos Luis de Francia y José de Calasanz*

Procura vivir con la misma intensidad que un niño. Él no pide
explicaciones, se sumerge en cada día como si fuese una aventura
diferente y, por la noche, duerme cansado y feliz.

COLUMNA PERIODÍSTICA – DIÁLOGOS CON EL MAESTRO III

AGOSTO

						1	**2**
	3	4	5	6	7	8	**9**
	10	11	12	13	14	**15**	**16**
	17	18	19	20	21	22	**23**
	24	25	26	27	28	29	**30**
	31						

26 | Miércoles

Santa Teresa de Jesús Jornet

27 | Jueves

Santa Mónica

28 | Viernes   *San Agustín*

29 | Sábado   *Santa Verónica*

						1	**2**
	3	4	5	6	7	8	**9**
	10	11	12	13	14	**15**	**16**
	17	18	19	20	21	22	**23**
	24	25	26	27	28	29	**30**
	31						

30 Domingo · *Santos Félix y Adaucto*

La felicidad de uno se transforma
en la alegría de todos.

A L E P H

31 Lunes

San Ramón Nonato

Baila alrededor de una hoguera, como hacían los antiguos
cuando estaban más cerca del universo y veían en las estrellas de la
noche, en las nubes y en las tempestades, en el fuego y en el viento,
movimiento y armonía. Y por eso bailaban, para celebrar la vida.

HIPPIE

31						1	2
32	3	4	5	6	7	8	9
33	10	11	12	13	14	15	16
34	17	18	19	20	21	22	23
35	24	25	26	27	28	29	30
36	31						

SEPTIEMBRE

Belleza

El arquero descubre
la simplicidad y la concentración:
cuanto más simple y sobria sea
la postura, más bella será.

EL CAMINO DEL ARQUERO

1 ｜ Martes　　　　　　　　　　　　　　　　*Santos Gil y Lope*

Las flores nos enseñan que nada es permanente;
ni la belleza, ni el hecho de que se marchiten, porque
darán nuevas semillas. Todo pasa, envejece,
muere y renace.

LA ESPÍA

Semana 36

36		1	2	3	4	5	**6**
37	7	8	9	10	11	12	**13**
38	14	15	16	17	18	19	**20**
39	21	22	23	24	25	26	**27**
40	28	29	30				

2 Miércoles   *Santa Raquel*

3 Jueves   *San Gregorio Magno*

4 Viernes

Nuestra Señora de la Consolación

5 Sábado

Santa Teresa de Calcuta

Semana 36

36		1	2	3	4	5	**6**
37	7	8	9	10	11	12	**13**
38	14	15	16	17	18	19	**20**
39	21	22	23	24	25	26	**27**
40	28	29	30				

6 Domingo *Nuestra Señora de Guadalupe (Extremadura)*

La música no es una sucesión de notas.
Es el paso constante de una nota entre
el sonido y el silencio.

ALEPH

7 | Lunes   *Santa Judit*

8 | Martes   *Natividad de la Virgen María*

Basta con contemplar un simple grano
de arena para ver en él todas las maravillas
de la Creación.

EL ALQUIMISTA

35		1	2	3	4	5	**6**
37	7	8	9	10	11	12	**13**
38	14	15	16	17	18	19	**20**
39	21	22	23	24	25	26	**27**
40	28	29	30				

9 Miércoles   *San Pedro Claver*

10 Jueves   *Nuestra Señora de las Maravillas*

11 | Viernes

San Buenaventura Gran

12 | Sábado

Santo Nombre de María

SEPTIEMBRE

35		1	2	3	4	5	**6**
37	7	8	9	10	11	12	**13**
38	14	15	16	17	18	19	**20**
39	21	22	23	24	25	26	**27**
40	28	29	30				

13 | Domingo   *San Juan Crisóstomo*

La elegancia no consiste en la postura más
cómoda, sino en la más adecuada para que
el tiro sea perfecto.

EL CAMINO DEL ARQUERO

14 Lunes *Exaltación de la Santa Cruz*

15 Martes *Nuestra Señora de los Dolores*

La belleza exterior es la parte visible
de la belleza interior. Y se manifiesta por la luz
que sale de los ojos de cada uno.

EL MANUSCRITO ENCONTRADO EN ACCRA

35		1	2	3	4	5	**6**
37	7	8	9	10	11	12	**13**
38	14	15	16	17	18	19	**20**
34	21	22	23	24	25	26	**27**
40	28	29	30				

16 | Miércoles   *Santos Cornelio y Cipriano*

17 | Jueves   *San Roberto Belarmino y Santa Ariadna*

18 | Viernes   *San José de Cupertino*

19 | Sábado   *San Jenaro*

SEPTIEMBRE

36		1	2	3	4	5	**6**
37	7	8	9	10	11	12	**13**
38	14	15	16	17	18	19	**20**
39	21	22	23	24	25	26	**27**
40	28	29	30				

20 | Domingo   *San Andrés Kim Taegon*

Los lugares mágicos son siempre lindos, y merecen
ser contemplados. Son cascadas, montañas, bosques,
donde los espíritus de la Tierra acostumbran a jugar,
sonreír y conversar con los hombres.

BRIDA

21 Lunes *San Mateo*

22 Martes *Santos Mauricio y Cándido*

Nadie enciende una lámpara para esconderla detrás
de la puerta: el objetivo de la luz es dar más luz, abrir
los ojos, mostrar las maravillas a su alrededor.

LA BRUJA DE PORTOBELLO

Semana 39

SEPTIEMBRE

		1	2	3	4	5	**6**
	7	8	9	10	11	12	**13**
	14	15	16	17	18	19	**20**
39	21	22	23	24	25	26	**27**
	28	29	30				

23 Miércoles   *Santa Tecla*

24 Jueves   *Nuestra Señora de la Merced*

25 Viernes   *San Sergio*

26 Sábado   *Santos Cosme y Damián*

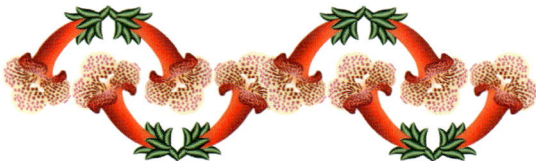

SEPTIEMBRE

36		1	2	3	4	5	**6**
37	7	8	9	10	11	12	**13**
38	14	15	16	17	18	19	**20**
39	21	22	23	24	25	26	**27**
40	28	29	30				

27 | Domingo   *San Vicente de Paúl*

La elegancia se logra cuando se descarta
todo lo superfluo.

EL CAMINO DEL ARQUERO

28 | Lunes   *San Venceslao*

29 | Martes   *Santos Miguel, Gabriel y Rafael*

Cada ser humano es único, con sus propias
cualidades, instintos, formas de placer,
búsqueda de aventura.

VERONIKA DECIDE MORIR

SEPTIEMBRE

		1	2	3	4	5	**6**
36	7	8	9	10	11	12	**13**
	14	15	16	17	18	19	**20**
	21	22	23	24	25	26	**27**
40	28	29	30				

---

30 | Miércoles   *San Jerónimo*

OCTUBRE

Atracción

Los encuentros
más importantes ya
han sido planeados por
las almas antes incluso
de que los cuerpos se
hayan visto.

ONCE MINUTOS

Los vencedores hablan con orgullo de los milagros
de sus vidas. Si pones energía positiva en el aire,
atrae más energía positiva, y alegra a aquellos que
realmente te quieren bien.

MAKTUB

OCTUBRE

40				1	2	3	**4**
41	5	6	7	8	9	10	**11**
42	**12**	13	14	15	16	17	**18**
43	19	20	21	22	23	24	**25**
44	26	27	28	29	30	31	

1 Jueves   *Santa Teresa del Niño Jesús*

2 Viernes *Santos Ángeles Custodios*

3 Sábado *San Francisco de Borja*

OCTUBRE

40				1	2	3	**4**
41	5	6	7	8	9	10	**11**
42	**12**	13	14	15	16	17	**18**
43	19	20	21	22	23	24	**25**
44	26	27	28	29	30	31	

4 | Domingo   *San Francisco de Asís*

El desierto es tan grande y los horizontes tan
lejanos que hacen que uno se sienta pequeño
y permanezca en silencio.

EL ALQUIMISTA

5 | Lunes   *Santos Froilán y Atilano*

6 | Martes   *San Bruno*

¿Qué es un maestro? No es aquel que enseña
algo, sino aquel que inspira al alumno para que dé
lo mejor de sí para descubrir un conocimiento
que ya tiene en el alma.

EL CAMINO DEL ARQUERO

OCTUBRE

40				1	2	3	**4**
41	**5**	6	7	8	9	10	**11**
42	**12**	13	14	15	16	17	**18**
43	19	20	21	22	23	24	**25**
44	26	27	28	29	30	31	

7 | Miércoles   *Nuestra Señora del Rosario*

8 | Jueves   *San Luis Bertrán*

9 Viernes

San Dionisio

10 Sábado

Santo Tomás de Villanueva

40			1	2	3	**4**
41	5	6	7	8	9	10	**11**
42	**12**	13	14	15	16	17	**18**
43	19	20	21	22	23	24	**25**
44	26	27	28	29	30	31	

11 | Domingo   *Santa Soledad*

Todos los caminos del mundo
me llevaban de vuelta a ti.

A ORILLAS DEL RÍO PIEDRA ME SENTÉ Y LLORÉ

12 Lunes   *Nuestra Señora del Pilar*

13 Martes   *San Eduardo*

Tanto el hombre como la mujer son absolutamente
vulnerables a la fuerza del sexo, porque allí el
placer y el miedo tienen la misma importancia.

BRIDA

Semana 42

14 Miércoles *San Calixto I*

15 Jueves *Santa Teresa de Jesús*

16 Viernes *Santa Margarita María Alacoque*

17 Sábado *San Ignacio de Antioquía*

18 Domingo   *San Lucas*

Cuando conocemos a alguien y nos enamoramos,
tenemos la impresión de que todo el universo
está de acuerdo.

ONCE MINUTOS

19 Lunes

San Pedro de Alcántara y Santa Laura

20 Martes

San Cornelio

Solo quien encuentra vida
puede encontrar tesoros.

EL ALQUIMISTA

40				1	2	3	**4**
41	5	6	7	8	9	10	**11**
42	**12**	13	14	15	16	17	**18**
43	19	20	21	22	23	24	**25**
44	26	27	28	29	30	31	

21 | Miércoles   *Santa Úrsula*

22 | Jueves   *Santas Nunilo y Alodia*

23 Viernes *San Juan de Capestrano*

24 Sábado *San Antonio María Claret*

40				1	2	3	**4**
41	5	6	7	8	9	10	**11**
42	**12**	13	14	15	16	17	**18**
43	19	20	21	22	23	24	**25**
44	26	27	28	29	30	31	

25 | Domingo

San Frutos y Santa Engracia de Segovia

Las personas se encuentran cuando
necesitan encontrarse.

ALEPH

26 | Lunes   *Santos Luciano y Marciano*

---

27 | Martes   *San Frumencio y Santa Sabina*

Si tienes un pasado que no te deja satisfecho, olvídalo ahora.
Imagina una nueva historia para tu vida, y cree en ella. Concéntrate
solo en los momentos en que conseguiste lo que deseabas, y esta
fuerza te ayudará a conseguir lo que deseas ahora.

LA QUINTA MONTAÑA

OCTUBRE

40				1	2	3	**4**
41	5	6	7	8	9	10	**11**
42	**12**	13	14	15	16	17	**18**
43	19	20	21	22	23	24	**25**
44	26	27	28	29	30	31	

28 | Miércoles

Santos Simón y Judas

29 | Jueves

San Narciso

30 Viernes *San Marcelo de León*

31 Sábado *San Alonso Rodríguez*

40			1	2	3	**4**
41	5	6	7	8	9	10	**11**
42	**12**	13	14	15	16	17	**18**
43	19	20	21	22	23	24	**25**
44	26	27	28	29	30	31	

Al principio del camino hay una encrucijada. Allí puedes
pararte a pensar en la dirección que vas a tomar, pero no te quedes
demasiado tiempo, o nunca saldrás de ese lugar.

COLUMNA PERIODÍSTICA – MANUAL DE CONSERVAR CAMINOS

NOVIEMBRE

Reflejo

Los ojos son
el espejo del alma
y reflejan todo lo que
parece estar oculto.

**EL MANUSCRITO ENCONTRADO
EN ACCRA**

44							**1**
45	2	3	4	5	6	7	**8**
46	9	10	11	12	13	14	**15**
47	16	17	18	19	20	21	**22**
48	23	24	25	26	27	28	**29**
49	30						

1 Domingo   *Todos los Santos*

Sed como la fuente que se derrama y no
como el tanque que siempre contiene
la misma agua.

VERONIKA DECIDE MORIR

2 Lunes   *Conmemoración de los Fieles Difuntos*

3 Martes   *San Martín de Porres y Santa Silvia*

Todo ser humano debe mantener viva dentro
de sí la sagrada llama de la locura, pero debe
comportarse como una persona decente.

COMO EL RÍO QUE FLUYE

NOVIEMBRE

44						**1**
45	2	3	4	5	6	7	**8**
46	9	10	11	12	13	14	**15**
47	16	17	18	19	20	21	**22**
48	23	24	25	26	27	28	**29**
49	30					

4 Miércoles — *San Carlos Borromeo*

5 Jueves — *San Zacarías y Santa Isabel*

6 Viernes

San Severo

7 Sábado

San Francisco Palau

44							**1**
45	**2**	**3**	**4**	**5**	**6**	**7**	**8**
46	9	10	11	12	13	14	**15**
47	16	17	18	19	20	21	**22**
48	23	24	25	26	27	28	**29**
49	30						

8 Domingo

Santa Isabel de la Trinidad

La vida pasa a ser mucho más intensa
y brillante cuando entendemos que cada paso
que damos tiene un significado mayor que
nosotros mismos.

BRIDA

9 Lunes   *Nuestra Señora de la Almudena*

10 Martes   *San León Magno*

La vida quiere que vivas
tu Leyenda Personal.

EL ALQUIMISTA

NOVIEMBRE

44							**1**
45	2	3	4	5	6	7	**8**
46	9	10	11	12	13	14	**15**
47	16	17	18	19	20	21	**22**
48	23	24	25	26	27	28	**29**
49	30						

11 | Miércoles

San Martín de Tours

12 | Jueves

San Josafat

13 Viernes

Santos Leandro y Diego de Alcalá

14 Sábado

San José Pignatelli

44							**1**
45	2	3	4	5	6	7	**8**
46	9	10	11	12	13	14	**15**
47	16	17	18	19	20	21	**22**
48	23	24	25	26	27	28	**29**
49	30						

15 Domingo   *San Alberto Magno*

Nunca fuerces una relación con alguien, pues es
considerado estupro. Eres libre. Siempre existe alguien
que quiere hacer exactamente lo mismo que tú deseas.

VERONIKA DECIDE MORIR

---

16 | Lunes   *Santa Gertrudis*

---

17 | Martes   *Santa Isabel de Hungría*

Estamos tan centrados en lo que consideramos la mejor actitud,
que olvidamos algo mucho más importante: para alcanzar nuestros
objetivos, necesitamos a otras personas. Por tanto, es necesario
no solo observar el mundo, sino también imaginarse en la piel
de los demás y saber cómo acompañar sus pensamientos.

COMO EL RÍO QUE FLUYE

43							**1**
45	2	3	4	5	6	7	**8**
46	9	10	11	12	13	14	**15**
47	16	17	18	19	20	21	**22**
48	23	24	25	26	27	28	**29**
49	30						

18 Miércoles *Dedicación de las Basílicas de San Pedro y San Pablo*

19 Jueves *Santa Matilde de Hackeborn*

20 Viernes

San Crispín

21 Sábado

Presentación de Santa María

44							**1**
45	2	3	4	5	6	7	**8**
46	9	10	11	12	13	14	**15**
47	16	17	18	19	20	21	**22**
48	23	24	25	26	27	28	**29**
49	30						

22 Domingo   *Santa Cecilia*

Lo que somos es más que lo que hacemos,
y mucho más que lo que poseemos.

EL DON SUPREMO

23 | Lunes   *San Clemente I*

24 | Martes   *San Andrés Dung-Lac*

—¿Qué es el verdadero Yo?
—Es aquello que tú eres, no lo que hicieron de ti.

VERONIKA DECIDE MORIR

							1
45	2	3	4	5	6	7	**8**
46	9	10	11	12	13	14	**15**
47	16	17	18	19	20	21	**22**
48	23	24	25	26	27	28	**29**
49	30						

25 Miércoles   *Santa Catalina de Alejandría*

26 Jueves   *San Leonardo de Porto Maurizio*

27 Viernes   *Santas Flora y María*

28 Sábado   *Santa Catalina Labouré*

NOVIEMBRE

44							**1**
45	2	3	4	5	6	7	**8**
46	9	10	11	12	13	14	**15**
47	16	17	18	19	20	21	**22**
48	23	24	25	26	27	28	**29**
49	30						

29 | Domingo   *San Saturnino*

El verdadero maestro no es el que enseña un camino ideal,
sino el que muestra a su alumno las muchas vías de acceso a la senda
que deberá recorrer para encontrarse con su destino. A partir
del momento en que encuentra dicha senda, el maestro ya no puede
ayudarlo, porque sus desafíos son únicos.

COMO EL RÍO QUE FLUYE

30 Lunes

San Andrés

En vez de aceptarnos como somos, procuramos
imitar lo que vemos a nuestro alrededor.
Olvidamos que el mundo es aquello que
imaginamos ser.

EL MANUSCRITO ENCONTRADO EN ACCRA

44							**1**
45	2	3	4	5	6	7	**8**
46	9	10	11	12	13	14	**15**
47	16	17	18	19	20	21	**22**
48	23	24	25	26	27	28	**29**
43	**30**						

DICIEMBRE

Luminosidad

Si escuchamos
al niño que tenemos
en el alma, nuestros ojos
volverán a brillar.

**A ORILLAS DEL RÍO PIEDRA
ME SENTÉ Y LLORÉ**

1 | Martes　　　　　　　　　　　　　　　　　*San Eloy*

El Amor es la verdadera
energía de la vida.

EL DON SUPREMO

49		1	2	3	4	5	**6**
50	7	**8**	9	10	11	12	**13**
51	14	15	16	17	18	19	**20**
52	21	22	23	24	**25**	26	**27**
53	28	29	30	31			

2 Miércoles   *Santa Bibiana*

3 Jueves   *San Francisco Javier*

4 Viernes

San Juan Damasceno y Santa Bárbara

5 Sábado

San Sabas

49		1	2	3	4	5	**6**
50	7	**8**	9	10	11	12	**13**
51	14	15	16	17	18	19	**20**
52	21	22	23	24	**25**	26	**27**
53	28	29	30	31			

6 Domingo   *Día de la Constitución Española*

La noche esconde en sus sombras
la llama capaz de iluminar nuestra alma.

ADULTERIO

7 | Lunes   *San Ambrosio*

8 | Martes   *Inmaculada Concepción de María*

Una sonrisa es suficiente para inundar
el mundo con su luz.

EL VENCEDOR ESTÁ SOLO

48		1	2	3	4	5	**6**
50	7	**8**	9	10	11	12	**13**
51	14	15	16	17	18	19	**20**
52	21	22	23	24	**25**	26	**27**
53	28	29	30	31			

9 Miércoles   *Santa Leocadia*

10 Jueves   *Santa Eulalia de Mérida*

11 Viernes   *San Dámaso*

12 Sábado   *Nuestra Señora de Guadalupe (México)*

13 | Domingo   *Santa Lucía*

Además de la capacidad de brillar, los ojos tienen
otra cualidad: funcionan como un espejo.
Y reflejan al que los está admirando.

EL MANUSCRITO ENCONTRADO EN ACCRA

14 Lunes   *San Juan de la Cruz*

15 Martes   *San Valeriano*

Aprende todo lo que necesites aprender para
manejar bien la espada de la luz que te fue
confiada. Reflexiona sobre cómo luchan tus
amigos, tus maestros y tus enemigos.

MAKTUB

Semana 51

DICIEMBRE

49		1	2	3	4	5	**6**
50	7	**8**	9	10	11	12	**13**
51	14	15	16	17	18	19	**20**
52	21	22	23	24	**25**	26	**27**
53	28	29	30	31			

16 Miércoles   *San José Manyanet*

17 Jueves   *San Juan de Mata*

18 Viernes

Nuestra Señora de la Esperanza

19 Sábado

Santa Eva

DICIEMBRE

49		1	2	3	4	5	**6**
50	7	**8**	9	10	11	12	**13**
51	14	15	16	17	18	19	**20**
52	21	22	23	24	**25**	26	**27**
53	28	29	30	31			

20 | Domingo   *Santo Domingo de Silos*

Los ángeles son visibles para quien acepta la luz
y rompe el pacto con las tinieblas.

VALQUIRIAS

21 | Lunes   *San Pedro Canisio*

22 | Martes   *Santa Francisca Javiera Cabrini*

Cuando quiera algo, mantenga los ojos bien abiertos,
concéntrese y tenga muy claro lo que desea. Nadie
acierta a su objetivo con los ojos cerrados.

EL DEMONIO Y LA SEÑORITA PRYM

49		1	2	3	4	5	**6**
50	7	**8**	9	10	11	12	**13**
51	14	15	16	17	18	19	**20**
52	21	22	23	24	**25**	26	**27**
53	28	29	30	31			

23 | Miércoles

San Juan de Kety

24 | Jueves

San Delfín

25 Viernes   *Natividad de nuestro Señor Jesucristo*

26 Sábado   *San Esteban*

DICIEMBRE

49		1	2	3	4	5	**6**
50	7	**8**	9	10	11	12	**13**
51	14	15	16	17	18	19	**20**
52	21	22	23	24	**25**	26	**27**
53	28	29	30	31			

27 | Domingo   *San Juan Evangelista*

Trata de dejarte llevar por la noche de vez en
cuando, observa las estrellas e intenta embriagarte
con la sensación de infinito. La noche, con todos sus
sortilegios, también es un camino hacia la iluminación.

ADULTERIO

28 Lunes   *Santos Inocentes*

29 Martes   *Santo Tomás Becket*

La Fuerza del Bien siempre se esparce,
como la Luz.

BRIDA

DICIEMBRE

30 Miércoles _San Rogerio_

31 Jueves _San Silvestre_

Título original: *Luz 2026*

© Paulo Coelho y Mosaikk AS, 2025
http://paulocoelhoblog.com

Publicado de acuerdo con Sant Jordi Asociados, Agencia Literaria, S. L. U.
Barcelona, España
www.santjordi-asociados.com

© Editorial Planeta, S. A., 2025
Avinguda Diagonal, 662-664, 6.ª planta. 08034 Barcelona (España)
www.planetadelibros.com

ISBN: 978-84-08-30242-1

Selección de textos: Gemma Capdevila
© de la traducción: Ana Belén Costas, Alfonso Indecona,
Montserrat Mira, Hinda Katia Schumer, Carlos Manzano de Frutos
y M.ª Dolors Ventós
Ilustraciones: Catalina Estrada, www.catalinaestrada.com
Fotografía del autor: © Paul Macleod
Diseño: Lene Stangebye Geving / Mireia Barreras

Impresión y encuadernación: TBB, a. s., Eslovaquia, 2025

Primera edición: septiembre de 2025